JN103780

POUND CAKE & MUF.IN

PLAIN ARRANGE / CHOCOLATE ARRANGE

パウンドケーキと マフィンの きほん

パティスリー＆カフェ
DEL'IMMO
シェフパティシエ

江口和明

マイナビ

はじめに

パウンドケーキとマフィンは、少ない材料で簡単に作れるので、お菓子作りがはじめての方にも優しい人気のお菓子です。しかし、人気なぶんレシピがたくさんありすぎて、「どれを信じていいかわからない」「作り方が違うのはなぜ?」と迷子になってしまうこともあると思います。この本では「これさえ守ればお店みたいにおいしくできる」ポイントにだけフォーカスして、パウンドケーキとマフィンの新しい"きほん"をお伝えします。

今回レシピを作るときに意識したのは、直観的に作ってみたいと思ってもらえることと、材料・道具の少なさなどの手軽さ。そして、なにより「失敗」させないということです。よく失敗といわれることに、材料を混ぜる途中の分離や混ぜすぎがありますが、ここでは気にする必要はありません。それらが失敗になる理由を取り除いたレシピですから、安心して気軽にチャレンジしてみてください。

ときには、パウンドケーキの上面が割れなかった、焼き色がきれいにつかなかったなど、見た目が100点じゃないこともあるかもしれません。でも、お菓子を作るというはじめの一歩は成功。食べておいしければ、それは大成功です。自分や誰かのために頑張って作ったお菓子ほど、おいしいものはないと思います。

この本によってお菓子作りがもっと身近に感じられたり、「自分でプロ級のお菓子が作れた!」という感動を味わうきっかけになったりしたら、とてもうれしいです。

江口和明

CONTENTS

この本で紹介するパウンドケーキとマフィンは、
きほんのプレーン／チョコレートのレシピと、
そのアレンジレシピで構成しています。
きほんの作り方をマスターすれば、
少し分量を調節したり、材料をプラスするだけで
レパートリーをいっきに増やせるところが魅力です。

3　はじめに

6　お店みたいにおいしい理由

8　この本で使う型

9　きほんの道具

10　きほんの材料

12　保存方法と食べごろ

14　パウンドケーキとマフィンのきほんの"き"

PART.1
しっとり しあわせ
パウンドケーキ

PLAIN BASIC

16　きほんのプレーン
　　パウンドケーキ

PLAIN ARRANGE プレーンのアレンジ

20　チョコチップ

21　抹茶

22　バナナ

24　バナナウォルナッツ

26　レーズンレモン

28　プラリネレモン

30　キャラメルアップル

34　ココナッツパイン

36　ピスタチオフランボワーズ

38　キャロットケーキ

40　チャイ

42　栗とほうじ茶

44　コーヒーヘーゼルナッツ

48　マーブルチョコレート

CHOCOLATE BASIC

52　きほんのチョコレート
　　パウンドケーキ

CHOCOLATE ARRANGE チョコレートのアレンジ

56　プレミアムチョコレートコーティング

57　プレミアムフルーツチョコレート

58　プレミアムダックワーズチョコレート

PART.2

かりふわ 楽しい
マフィン

PLAIN BASIC

62 きほんのプレーンマフィン

PLAIN ARRANGE プレーンのアレンジ
65 アプリコットシュガー
66 イチゴレアチーズ
68 オレンジチョコチップ
70 バナナコーヒー
72 ブルーベリークランブル
74 メイプルペカンナッツ
76 レモンポピーシード
78 洋梨アールグレイ
80 抹茶ホワイトチョコレート
82 米粉のマフィン
84 卵なしのバナナマフィン
86 イチゴのマフィンケーキ
88 モンブランマフィンケーキ

お食事マフィン
102 くるみとチーズ
104 マルゲリータ
106 コロッケ

108 クリームを添えてもっとおいしく
110 ラッピングのアイデア

CHOCOLATE BASIC

90 きほんのチョコレートマフィン

CHOCOLATE ARRANGE チョコレートのアレンジ
92 オレンジチョコレート
94 ラズベリーチョコレート
96 キャラメルチョコレート

お店みたいに
おいしい理由

はじめてでも "まるでお店のようなおいしさ" に
仕上がる理由は、
次の3つのポイントに隠されています。

失敗しない黄金比

すべてのレシピは、試行錯誤の結果導き出した失敗しない黄金比によって、材料の分量を決めています。材料をきちんと量れば、あとは順番に入れて混ぜて焼くだけ。「砂糖とバターは白くなるまで混ぜる」「卵は数回に分けて入れる」「小麦粉を入れたら混ぜすぎない」なんてセオリーは気にせず、だいたいでいいのです。

「下準備はしっかりと！」とても大切なことなので2回言いました。試験の前の勉強や運動の前の準備体操と同じように、お菓子作りの下準備は結果を左右する重要な工程です。粉をふるうこと、材料を常温に戻すこと、オーブンの予熱をすること。些細なことに感じますが、すべてにちゃんと意味があります。

ページをめくってみるとわかるように、どのレシピも大まかな作業の流れは「きほん」のレシピと同じ。工程がシンプルだから、迷わずサクサク作れます。イメージしてみてください。下準備から生地を混ぜ終わるまで約20分、オーブンに入れて好きなことをして待てば、焼き立てのお菓子が食べられる。日常の幸福度はうなぎのぼりです。

この本で使う型

パウンドケーキとマフィンは、それぞれ1種類の型で作れるレシピになっています。
火の通り方に差がでるので、なるべく同じサイズのものを使用してください。

パウンドケーキの型

7.5×17×高さ6cmのブリキ製の型に、クッキングシートを敷いて使います。内側にフッ素加工がされているものを使う場合は、クッキングシートは不要です。

クッキングシートの敷き方

クッキングシートで型の長辺を包むようにして、両端が型より少し高くなるように切る。型に沿って折り目をつけ、長辺の立ち上がりの折り目に切りこみを入れる。

切りこみを入れた左右の端を、内側に折りこみながら型に入れる。

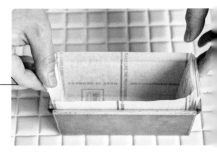

両方の短辺を折りこんだらセッティング完了。短辺の余分が多すぎる場合は、長辺に合わせて切りとる。

マフィンの型

直径7×深さ3.5cmのマフィンが6個焼ける型に、底面の直径が5cmのグラシン紙をセットして使います。マフィンの型がない場合は、100円ショップなどでも売っている、紙製のマフィンカップでもOKです。

きほんの道具

この本で使う主な道具を紹介します。

1 耐熱ボウル
大・中・小と3種類のサイズがあると便利です。生地を混ぜ合わせるほか、電子レンジにかける場合もあるので、必ず耐熱のものを使いましょう。

2 泡立て器
生地をかき混ぜるのに使います。

3 計量器
1g単位で計測できるデジタル式。

4 ラップ
材料を電子レンジで温めるときや、焼き立ての生地の保湿に使います。

5 クッキングシート
ケーキの型に敷くほか、粉をふるうときにも使います。

6 絞り袋・口金
クリームを絞るときに使います。口金は、星口金・サントノーレ口金・モンブラン口金の3種類が登場します。

7 ふるい
大きい方は生地に使う粉類や砂糖をふるう用。小さい方は仕上げに粉糖をふるうときなど、細かい作業に便利です。

8 ハンドミキサー
クリームの泡立てに使います。5～3段階のスピード調節ができるものを選びましょう。

9 オーブンミトン
オーブンの天板に触れるときや、焼き立ての生地を型から取り出す際には、必ず使用してください。

10 ゼスター
レモンの皮やトッピング用のチョコレートを削るときに使います。

11 ゴムベラ
生地に具材などを混ぜ合わせるときに使います。

12 まな板・包丁
チョコレートや果物を切るときに使います。

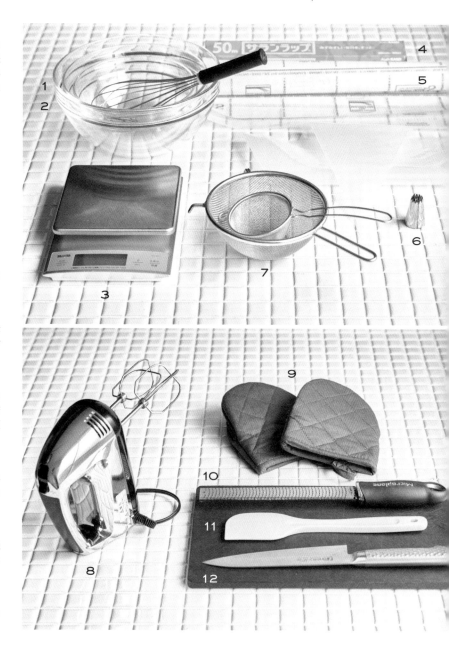

その他の道具

・オーブンレンジ
庫内の大きさが幅32×奥行き29×高さ23cm以上、1000Wで250℃まで設定できるものがオススメです。

・バット
・ケーキクーラー
・スプーン
・ハケ

・計量カップ（耐熱性）
・耐熱容器
・小鍋

きほんの材料

この本で使う主な材料を紹介します。

1 薄力粉
小麦粉の中でもキメが細かく、お菓子づくりに向いています。

2 アーモンドパウダー
生地にアーモンドの香ばしさとしっとり感が加わります。

3 ココアパウダー
ココアベースやチョコレートベースの生地に使用します。

4 ベーキングパウダー
生地を膨らませるのに欠かせません。アルミフリーのものが安心です。

5 生クリーム
動物性の乳脂肪分35%前後のものを使います。

6 牛乳
生乳100%・成分無調整のものを使います。

7 バター
食塩不使用のものを使います。有塩バターは味のコントロールが難しいので、塩味が必要なレシピでは別で塩を加えます。

8 卵
M～Lサイズを使います。

9 グラニュー糖
純度が高く、固まりにくいので扱い
やすいです。

10 きび糖
白い砂糖よりも、まろやかな味わい
が特徴です。

11 上白糖
甘みが強く、生地に使うとしっとりと
仕上がります。

12 粉糖
粒子がとても細かいのが特徴。仕上
げに振りかける場合は、溶けにくい
トッピング用の粉糖がオススメです。

13 ミルクチョコレート
本書では「デリーモ」のミルク
チョコレート41%を使っています。

14 ビターチョコレート
本書では「デリーモ」のビター
チョコレート67%を使っています。

15 ホワイトチョコレート
本書では「デリーモ」のホワイト
チョコレートを使っています。

保存方法と食べごろ

パウンドケーキやマフィンなどの焼き菓子は、焼き立てと冷めてからで
生地の食感や味わいに変化があるのも魅力です。
レシピごとに保存方法と食べごろを紹介します。

パウンドケーキ

焼き立てはもちろん、翌日以降の熟成された味わいも◎。
A 保存方法 | B オススメの食べ方 | C 食べきりの目安

P.16	きほんのプレーンパウンドケーキ	A 乾燥しないようにラップで包み、密閉容器に入れて
P.20	チョコチップ	一晩冷蔵もしくは常温で保存する。
P.21	抹茶	C 2〜3日
P.22	バナナ	
P.24	バナナウォルナッツ	
P.34	ココナッツパイン	
P.36	ピスタチオフランボワーズ	
P.40	チャイ	
P.42	栗とほうじ茶	
P.44	コーヒーヘーゼルナッツ	
P.48	マーブルチョコレート	

A 乾燥しないようにラップで包み、密閉容器に入れて
　一晩冷蔵もしくは常温で保存する。

C 2〜3日

P.26	レーズンレモン
P.28	プラリネレモン

A 乾燥しないようにラップで包み、密閉容器に入れて
　一晩冷蔵もしくは常温で保存する。

C 2〜3日

＊アイシングをした後は、冷蔵庫に入れると溶けてしまうので、常温で保
　存してなるべく早く食べる。湿度の高い季節はアイシングが溶けやすい
　ので注意。

P.30	キャラメルアップル

A 乾燥しないようにラップで包み、密閉容器に入れて一
　晩冷蔵もしくは常温で保存する。

B 粗熱がとれた程度の温かい状態で食べるのも◎。

C 2日

P.38	キャロットケーキ

A 乾燥しないようにラップで包み、密閉容器に入れて
　一晩冷蔵もしくは常温で保存する。

B 冷蔵庫で保存した場合は、食べる前に常温に戻す。

C 2〜3日

P.52	きほんのチョコレートパウンドケーキ
P.56	プレミアムチョコレートコーティング
P.57	プレミアムフルーツチョコレート

A 乾燥しないようにラップで包み、密閉容器に入れて
　一晩冷蔵もしくは常温で保存する。

B 食べる前に電子レンジで20秒ほど温めると、より
　チョコレートの香りが楽しめて◎。

C 3〜4日

＊チョコレートコーティングした後は、なるべく早めに食べる。

P.58	プレミアムダックワーズチョコレート

A 乾燥しないようにラップで包み、密閉容器に入れて
　一晩冷蔵もしくは常温で保存する。

B 粗熱がとれた程度の温かい状態で食べるのも◎。

C 2〜4日

＊ダックワーズ部分は早めに食べる方がおいしい。

マフィン

表面のサクッと感が楽しめる焼き立てを、まずはひとつ召し上がれ。
A 保存方法 ｜ B オススメの食べ方 ｜ C 食べきりの目安

P.62　きほんのプレーンマフィン
P.65　アプリコットシュガー
P.68　オレンジチョコチップ

A 焼いた日は常温で保存し、翌日以降は常温かラップで包んで冷蔵庫へ入れる。
B 食べる前に電子レンジで20秒ほど温める。
C 1〜2日

P.66　イチゴレアチーズ
P.78　洋梨アールグレイ

A 焼いた日は常温で保存し、なるべくその日のうちに食べきる。翌日に持ち越す場合は、ラップで包んで冷蔵庫へ入れる。
B 冷蔵庫で保存した場合は、食べる前に常温に戻す。
C 1〜2日

P.70　バナナコーヒー
P.74　メイプルペカンナッツ

A 焼いた日は常温で保存し、翌日以降は常温かラップで包んで冷蔵庫へ入れる。
C 1〜2日
＊冷蔵すると表面のアイシングが溶けてしまうので、食べる直前にかけるのがオススメ。

P.72　ブルーベリークランブル

A 焼いた日は常温で保存し、翌日以降は常温かラップで包んで冷蔵庫へ入れる。
B 食べる前に電子レンジで20秒ほど温める。
C 1〜2日
＊2日目は、ブルーベリーの果汁が生地に染みだしてよりしっとりとした味わいに。

P.76　レモンポピーシード

A ラップで包んで常温で保存可能。
B 食べる前に電子レンジで20秒ほど温める。
C 1〜2日
＊2日目は、生地がしっとりとしてレモンの香りが強く感じられる。

P.80　抹茶ホワイトチョコレート

A 焼いた日は常温で保存し、翌日以降は常温かラップで包んで冷蔵庫へ入れる。
B 冷蔵庫で保存した場合は、食べる前に常温に戻すか、電子レンジで20秒ほど温める。
C 1〜2日
＊2日目の方が生地がしっとりとした質感に。

P.82　米粉のマフィン
P.84　卵なしのバナナマフィン

A 焼いた日は常温で保存し、翌日以降は常温かラップで包んで冷蔵庫へ入れる。
C 1〜2日

P.86　イチゴのマフィンケーキ
P.88　モンブランマフィンケーキ

A 生地のみの場合は「きほんのプレーンマフィン」と同じ方法で保存可能。デコレーション後は、冷蔵庫に入れる。
C 1〜2日
＊デコレーション後はなるべく当日中に食べきる。

P.90　きほんのチョコレートマフィン
P.92　オレンジチョコレート
P.94　ラズベリーチョコレート
P.96　キャラメルチョコレート

A 焼いた日は常温で保存し、翌日以降は常温かラップで包んで冷蔵庫へ入れる。
B 食べる前に電子レンジで20秒ほど温める。
C 2〜3日
＊2日目以降の方が生地がしっとりとした質感に。

P.102　くるみとチーズ
P.104　マルゲリータ
P.106　コロッケ

B 焼き立てを、なるべく早いタイミングで食べる。

パウンドケーキと
マフィンのきほんの "き"

粉類は3回ふるう

ふるう作業は、粉類のダマをなくして混ざりやすくするほか、粉同士をしっかり
と混ぜるために行います。1回ふるっただけではムラができてしまうので、しっか
りと3回ふるうことが大切です。

1回目

3回目

オーブンは焼く温度
＋10℃で予熱する

予熱後にオーブンを開けると、庫内の
温度が下がってうまく膨らまない原因
になります。そのため、予熱の温度は
焼く温度＋10℃に設定し、オーブンに生
地を入れる動作は素早く行いましょう。

バターと卵は
常温に戻して使う

バターは、冷蔵庫から出したばかりの
状態だと扱いにくいので、ヘラで簡単
につぶせるくらい常温でやわらかくして
おきます。卵も常温に戻しておくこと
で、油分と混ざりやすくなります。

この本のきまり
・使用する材料については、P.10～11でご確認ください。
・「ひとつまみ」とは、親指、人差し指、中指の3本で軽くつまんだ量のことです。
・電子レンジの加熱時間は、600Wの場合です。機種によって加熱具合に差があるため、様子を
　見ながら加減してください。
・オーブンは熱源の種類やメーカー、機種によって焼き加減に差があるため、様子を見ながら加減
　してください。

しっとり しあわせ
パウンドケーキ

ずっしりとした見た目とはうらはらに
口に運ぶとしっとり、軽やか。
ひとりじめもいいけれど、
大切な人と一緒に味わいたい。
そんなパウンドケーキのレシピです。

丁寧に下準備をしたら、
あとは材料を混ぜて焼くだけ。
混ぜすぎなんて気にしないで、
鼻歌でも歌いながら、
気軽に作ってみてください。

きほん の プレーンパウンドケーキ

はじめてパウンドケーキをつくるなら、
まずはきほんのプレーンから。
バターの香りとやさしい甘さで、
シンプルだけど何度も食べたくなる、
とっておきのレシピです。

材料（7.5×17×高さ6cmのパウンド型1台分）

A 薄力粉……100g
│ ベーキングパウダー……3g
無塩バター……40g
グラニュー糖……100g
全卵……2個

下準備をする

1 オーブンを180℃に予熱する。Aを3回ふるって、全体を均一に混ぜる。

2 バターと卵を室温に戻しておく。バターはヘラでつぶせる程度のやわらかさがベスト。

生地を作る

3 ボウルにバターとグラニュー糖を加える。ゴムベラでバターにグラニュー糖を練りこむように混ぜる。

生地を焼く

4 グラニュー糖がバターにまんべんなくなじんだら次に進む。

ボウルに全量を
直接割り入れて
OK。

卵が分離
していても
気にしない！

5 全卵を加える。ゴムベラで黄身をつぶして全体をざっくりと混ぜたら、泡立て器に持ち替えてよく混ぜる。

6 泡立て器からサラッと流れ落ちるくらい、なめらかになったら次に進む。

7 Aを加える。中心から外側に向かって全体をよく混ぜる。

8 粉っぽさがなくなり、トロッとした質感になったら次に進む。仕上げにゴムベラでボウルの側面をすくい取って混ぜると、混ぜ残しがなくなって◎。

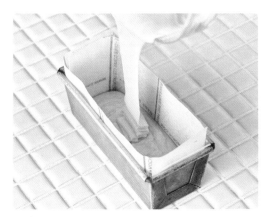

9 クッキングシートを敷いた型に、生地を
流し入れる。

10 型の7〜8分目くらいまでが適量。表面
をならしたり、空気を抜いたりしなくて
も大丈夫。

生地を焼く

温度が
下がらないように
素早く入れる!

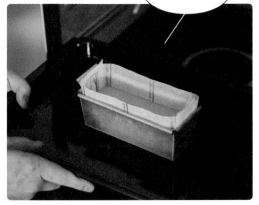

11 170℃のオーブンで50分焼く。

12 焼き上がり。こんもりと中央が膨らみ、
自然に割れ目ができる。冷めたら型から
外してクッキングシートをはがす。

材料（7.5×17×高さ6cmのパウンド型1台分）

A 薄力粉……100g
  ├ ベーキングパウダー……3g
無塩バター……40g
グラニュー糖……100g
全卵……2個

【チョコチップ】
ビターチョコレート……60g

【下準備】

・オーブンを180℃に予熱する。

・Aを3回ふるって
　全体を均一に混ぜる。

・バターと卵を室温に戻しておく。

PLAIN ARRANGE

チョコチップ

きほんのプレーンパウンドケーキ（P.16）に、
チョコチップを混ぜこんだ簡単アレンジ。
やさしいプレーンにビターチョコの甘みと
香りが合わさり、生地はより
しっとりとした食感を楽しめます。

1 ビターチョコレートを刻んで、チョコレートチップにする。

2 P.18の工程8に1を加えて混ぜる。クッキングシートを敷いた型に流し入れて、170℃のオーブンで50分焼く。冷めたら型から外してクッキングシートをはがす。

PLAIN ARRANGE

抹茶

生地に抹茶を混ぜるだけで、
ほろ苦くてしっとり濃厚、
後味はさわやかな和の風情を楽しめます。
ほっと一息つきたいときにぴったりです。

材料 （7.5×17×高さ6cmのパウンド型1台分）

A 薄力粉……90g
　 ベーキングパウダー……3g
　 抹茶……10g
無塩バター……40g
きび糖……100g
全卵……2個

下準備

・オーブンを180℃に予熱する。

・バターと卵を室温に戻しておく。

1 Aを3回ふるって全体を均一に混ぜる。

2 きほんのプレーンパウンドケーキと同じ手順（P.17〜19）で生地を作り、焼き上げる。冷めたら型から外してクッキングシートをはがす。

バナナ

大きなバナナがドーンとのった、インパクトのある見た目に反して、
なんだか懐かしい素朴な味わい。
焼く前に振りかけるきび糖がキャラメル状になって、
香ばしさをプラスします。

材料（7.5×17×高さ6cmのパウンド型1台分）

A 薄力粉……100g
│ ベーキングパウダー……3g
無塩バター……40g
きび糖……100g
全卵……2個
バナナ……1本

仕上げ
きび糖……20g

下準備

・オーブンを180℃に予熱する。

・Aを3回ふるって全体を均一に混ぜる。

・バターと卵を室温に戻しておく。

生地を作る

1 ボウルにバターときび糖を入れる。ゴムベラでバターにきび糖を練りこむように混ぜて、まんべんなくなじんだら次に進む。

2 バナナを縦3枚にスライスする。全卵とバナナ ⅔（外側）を加える。

> 卵が分離していても気にしない！

3 泡立て器でバナナをつぶしながらよく混ぜる。バナナが生地になじんだら次に進む。

4 Aを加える。全体がなめらかになるまでよく混ぜる。

生地を焼く

5 クッキングシートを敷いた型に、生地を流し入れる。170℃のオーブンで20分焼いて、一度取り出す。

6 表面に残りのバナナ（中心）をのせて、バナナにきび糖を振りかける。170℃のオーブンでさらに30分焼く。冷めたら型から外してクッキングシートをはがす。

バナナウォルナッツ

ココアパウダーが入ったちょっぴりビターな生地に、
バナナのやさしい甘さが溶けこみます。
くるみのザクザク食感と、生地のしっとり感のコントラストがたまりません。

材料（7.5×17×高さ6cmのパウンド型1台分）

A 薄力粉……80g
　ベーキングパウダー……3g
　ココアパウダー……20g
無塩バター……40g
きび糖……100g
全卵……2個
バナナ……1本
くるみ（皮つき）……30g
仕上げ
くるみ（皮つき）……20g
きび糖……20g

下準備

・オーブンを180℃に予熱する。

・Aを3回ふるって全体を均一に混ぜる。

・バターと卵を室温に戻しておく。

生地を作る

1 ボウルにバターときび糖を入れる。ゴムベラでバターにきび糖を練りこむように混ぜて、まんべんなくなじんだら次に進む。

卵が分離していても気にしない!

2 全卵を加えて混ぜる。泡立て器からサラッと流れ落ちるくらい、なめらかになったら次に進む。

3 バナナをちぎって加えて、泡立て器でつぶしながら混ぜる。

4 Aを加える。全体がなめらかになるまでよく混ぜる。

生地を焼く

5 くるみを手で割り入れて、ゴムベラでまんべんなく混ぜる。クッキングシートを敷いた型に、生地を流し入れる。

6 表面にくるみを散らして、きび糖を振りかける。170℃のオーブンで50分焼く。冷めたら型から外してクッキングシートをはがす。

レーズンレモン

レモン2個分の皮と果汁を贅沢に使った、
さわやかな味わいのパウンドケーキ。
香り豊かなラムレーズンとシャリシャリとした
甘酸っぱいレモンアイシングがベストマッチです。

材料（7.5×17×高さ6cmのパウンド型1台分）

A 薄力粉……100g
 ┌ ベーキングパウダー……3g
無塩バター……40g
グラニュー糖……100g
全卵……2個
レモンの皮（防カビ剤不使用）……30g（2個分）
ラムレーズン……40g

レモンシロップ
水……25g
レモン果汁……40g（1個分）

アイシング
レモン果汁……40g（1個分）
粉糖……150g

下準備

・オーブンを180℃に予熱する。
・Aを3回ふるって全体を均一に混ぜる。
・バターと卵を室温に戻しておく。

生地を作る

1 ボウルにバターとグラニュー糖を入れる。ゴムベラでバターにグラニュー糖を練りこむように混ぜて、まんべんなくなじんだら次に進む。

2 レモンの皮を削り入れる。

卵が分離していても気にしない！

3 全卵を加えて混ぜる。泡立て器からサラッと流れ落ちるくらい、なめらかになったら次に進む。

4 Aを加える。全体がなめらかになるまでよく混ぜたら、レーズンを加えてさらに混ぜる。

生地を焼く

5 クッキングシートを敷いた型に、生地を流し入れる。170℃のオーブンで50分焼く。焼き上がったら、すぐに水とレモン果汁を混ぜたレモンシロップをハケで塗る。

仕上げる

6 冷めたら型から外してクッキングシートをはがす。逆さにして、粉糖とレモン果汁を混ぜたレモンアイシングを表面にかけ、200℃のオーブンで1分乾燥させる。

プラリネレモン

プラリネペーストとは、ローストしたナッツをキャラメリゼしてペースト状にしたもの。
香ばしい風味の生地に、レモンのフレッシュな香りと酸味が混ざり合います。

材料（7.5×17×高さ6cmのパウンド型1台分）

A 薄力粉……80g
| ベーキングパウダー……3g
B 無塩バター……70g
| きび糖……70g
| プラリネペースト……30g
| レモンの皮（防カビ剤不使用）
| ……15g（1個分）

全卵……2個
レモン果汁……40g（約1個分）

【プラリネアイシング】
プラリネペースト……20g
粉糖……20g
牛乳……適量

下準備

・オーブンを180℃に予熱する。
・Aを3回ふるって全体を均一に混ぜる。
・バターと卵を室温に戻しておく。
・レモンの皮を削り、きび糖に混ぜる。

生地を作る

1 ボウルにBを入れる。ゴムベラで練るように混ぜて、まんべんなくなじんだら次に進む。

2 レモンの中央を4枚ほどスライスして、残りは果汁を搾る。

卵が分離していても気にしない！

3 全卵を加えて、なめらかになるまで混ぜたら、レモン果汁を加えてさらに混ぜる。

4 Aを加える。全体がなめらかになるまでよく混ぜる。

生地を焼く

5 クッキングシートを敷いた型に生地を流し入れ、表面にスライスしたレモンをのせる。170℃のオーブンで50分焼く。

仕上げる

ゆっくりしたたるくらいの固さがベスト！

6 冷めたら型から外してクッキングシートをはがす。プラリネペーストと粉糖を混ぜ、牛乳を少しずつ加えて固さを調節したプラリネアイシングを表面にかける。

PLAIN ARRANGE

キャラメルアップル

こっくりとしたキャラメルとリンゴの組み合わせが、
深まる秋を感じさせるパウンドケーキ。
リンゴは角切りとくし切りにして、
異なる食感を作り出すのがポイントです。

材料（7.5×17×高さ6cmのパウンド型1台分）

A 薄力粉……80g
　 ベーキングパウダー……1g
無塩バター……60g
グラニュー糖……80g
全卵……2個
リンゴ……100g（小玉½個）

[キャラメル]

グラニュー糖……40g
生クリーム……30g

[仕上げ]

グラニュー糖……30g

下準備

・オーブンを180℃に予熱する。

・Aを3回ふるって全体を均一に混ぜる。

・バターと卵を室温に戻しておく。

キャラメルリンゴを作る

1 小鍋にグラニュー糖を入れて火にかける。鍋底全体に火がかかる程度の強火にする。

気泡の変化をよく観察する!

2 鍋肌付近に大きな気泡ができ、中央まで細かく泡立ったら火を止める。

3 生クリームを注ぎ入れる。

4 ゴムベラでかき混ぜる。

5 分量のリンゴのうち、約半分の皮をむいて角切りにする。残りは皮つきのまま5等分のくし切りにする。

6 キャラメルに角切りのリンゴを加えて、ひと煮立ちさせたら冷ましておく。

生地を作る

卵が分離
していても
気にしない!

7 ボウルにバターとグラニュー糖を入れる。ゴムベラでバターにグラニュー糖を練りこむように混ぜて、まんべんなくなじんだら次に進む。

8 全卵を加えて混ぜる。泡立て器からサラッと流れ落ちるくらい、なめらかになったら次に進む。

9 Aと冷ましたキャラメルリンゴを加える。

10 全体がなめらかになるまでよく混ぜる。

生地を焼く

11 クッキングシートを敷いた型に、生地を流し入れる。170℃のオーブンで20分焼いて、一度取り出す。

12 表面にくし切りのリンゴをのせて、グラニュー糖をかける。170℃のオーブンでさらに30分焼く。冷めたら型から外してクッキングシートをはがす。

ココナッツパイン

ジューシーなパインとココナッツファインで、
見た目も味もトロピカルに。ひと口食べれば、気分は南国。
トッピングの食感も楽しい、ごきげんなパウンドケーキです。

材料（7.5×17×高さ6cmのパウンド型1台分）

A 薄力粉……80g
 │ ベーキングパウダー……3g
無塩バター……40g
グラニュー糖……100g
全卵……2個
ココナッツファイン……40g
パイナップル缶……50g

仕上げ
パイナップル缶……30g
ココナッツファイン……20g
アプリコットジャム……適量

下準備

・オーブンを180℃に予熱する。

・Aを3回ふるって全体を均一に混ぜる。

・バターと卵を室温に戻しておく。

・パイナップル缶をザルにあけ、
　キッチンペーパーで水気を切って刻む。

生地を作る

卵が分離
していても
気にしない!

1 ボウルにバターとグラニュー糖を入れる。ゴムベラでバターにグラニュー糖を練りこむように混ぜて、まんべんなくなじんだら次に進む。

2 全卵を加えて混ぜる。泡立て器からサラッと流れ落ちるくらい、なめらかになったら次に進む。

3 Aとココナッツファインを加えて、全体がなめらかになるまでよく混ぜる。

4 パイナップルを加えてさらに混ぜる。クッキングシートを敷いた型に、生地を流し入れる。

生地を焼く

仕上げる

パイナップルを
囲むように
のせる。

5 170℃のオーブンで30分焼いて、一度取り出す。表面の中央にパイナップルをのせて、170℃のオーブンでさらに20分焼く。

6 焼き上がったら、アプリコットジャムを塗ってココナッツファインを振りかける。冷めたら型から外してクッキングシートをはがす。

PLAIN ARRANGE

ピスタチオ
フランボワーズ

まろやかな味わいのピスタチオペーストを
混ぜこんだ生地に、
甘酸っぱいフランボワーズが相性抜群。
フランボワーズは冷凍を使うと、
焼き上がりもジューシー感が残ります。

材料（7.5×17×高さ6cmのパウンド型1台分）

A 薄力粉……80g
┃ ベーキングパウダー……3g
B 無塩バター……70g
┃ グラニュー糖……70g
┃ ピスタチオペースト……30g
全卵……2個
ピスタチオ……10g
冷凍フランボワーズ……50g

仕上げ

ピスタチオ……10g
ホワイトチョコレート……30g

下準備

・オーブンを180℃に予熱する。

・Aを3回ふるって全体を均一に混ぜる。

・バターと卵を室温に戻しておく。

・ピスタチオを刻む。

生地を作る

1 ボウルにBを入れる。

2 ゴムベラで練るように混ぜて、まんべんなくなじんだら次に進む。

卵が分離していても気にしない！

3 全卵を加えて混ぜる。泡立て器からサラッと流れ落ちるくらい、なめらかになったら次に進む。

4 Aを加える。全体がなめらかになるまでよく混ぜる。

果肉をつぶさないようにサックリと！

5 ピスタチオと冷凍フランボワーズを加えてさらに混ぜる。クッキングシートを敷いた型に、生地を流し入れる。

生地を焼く・仕上げる

6 170℃のオーブンで50分焼く。冷めたら型から外してクッキングシートをはがす。溶かしたホワイトチョコレートを表面にかけて、ピスタチオを散らす。

キャロットケーキ

にんじんの甘みを感じるしっとりとした生地に、
千切りにんじん、レーズン、
くるみが食感と味のアクセントを加えます。
たっぷりのせたチーズクリームとも
相性抜群です。

材料（7.5×17×高さ6cmのパウンド型1台分）

A 薄力粉……100g
　｜ ベーキングパウダー……3g
　｜ シナモン・ナツメグ……適量（合わせて1g程度）

無塩バター……80g
グラニュー糖……80g
全卵……2個
にんじん（皮つき）……100g
レーズン……15g
くるみ……30g
塩……ひとつまみ

仕上げ
チーズクリーム……適量
くるみ……適量

下準備

・オーブンを180℃に予熱する。

・Aを3回ふるって全体を均一に混ぜる。

・バター、卵、クリームチーズを室温に戻しておく。

・にんじんは皮をむき、30gを千切りにする。
　残りはすりおろしておく。

・チーズクリーム（P.109）を作る。

生地を作る

1 ボウルにバターとグラニュー糖を入れる。ゴムベラでバターにグラニュー糖を練りこむように混ぜて、まんべんなくなじんだら次に進む。

卵が分離していても気にしない!

2 全卵とすりおろしたにんじんを加えて混ぜる。

3 Aと塩を加える。全体がなめらかになるまでよく混ぜる。

4 千切りにしたにんじん、レーズン、くるみを加えて、ゴムベラで全体がまんべんなくなじむまで混ぜる。

生地を焼く

5 クッキングシートを敷いた型に、生地を流し入れる。170℃のオーブンで60分焼く。冷めたら型から外してクッキングシートをはがす。

6 表面にチーズクリームをたっぷりのせ、細かめに砕いたくるみを散らす。

チャイ

紅茶にシナモンの香りと味を合わせてチャイ風味に。
茶葉と牛乳は、温めた後に蒸らして香りを引き出すのがポイントです。
茶葉ごと生地に混ぜこむから、濃厚な味を楽しめます。

材料 （7.5×17×高さ6cmのパウンド型1台分）

A 薄力粉……100g
| ベーキングパウダー……3g
| シナモンパウダー……1g
無塩バター……50g
きび糖……100g
全卵……2個
[紅茶]
牛乳……80g
茶葉（アッサム）……5g

下準備

・オーブンを180℃に予熱する。

・Aを3回ふるって全体を均一に混ぜる。

・バターと卵を室温に戻しておく。

・牛乳と茶葉を耐熱容器に入れ、
　電子レンジで1分半加熱して蒸らしておく。

生地を作る

1 ボウルにバターときび糖を入れる。ゴムベラでバターにきび糖を練りこむように混ぜて、まんべんなくなじんだら次に進む。

2 全卵と冷ました紅茶を茶葉ごと加えて混ぜる。

卵が分離していても気にしない！

3 泡立て器からサラッと流れ落ちるくらい、なめらかになったら次に進む。

4 Aを加える。全体がなめらかになるまでよく混ぜる。

生地を焼く

5 クッキングシートを敷いた型に、生地を流し入れる。170℃のオーブンで50分焼く。冷めたら型から外してクッキングシートをはがす。

栗とほうじ茶

ほうじ茶パウダーを混ぜこんだ生地に、
栗の渋皮煮をゴロゴロとひそませた贅沢なパウンドケーキ。
ほうじ茶の香ばしさに、
栗のやさしい甘みと食感が絶妙にマッチします。

材料 （7.5×17×高さ6cmのパウンド型1台分）

A 薄力粉……90g
　｜ベーキングパウダー……3g
　｜ほうじ茶パウダー……10g
無塩バター……40g
きび糖……100g
全卵……2個
栗の渋皮煮……10個

下準備

・オーブンを180℃に予熱する。

・Aを3回ふるって全体を均一に混ぜる。

・バターと卵を室温に戻しておく。

・栗の渋皮煮のうち、2個を角切りにしておく。

生地を作る

1 ボウルにバターときび糖を入れる。ゴムベラでバターにきび糖を練りこむように混ぜて、まんべんなくなじんだら次に進む。

卵が分離していても気にしない！

2 全卵を加えて混ぜる。泡立て器からサラッと流れ落ちるくらい、なめらかになったら次に進む。

3 Aを加える。全体がなめらかになるまでよく混ぜる。

4 クッキングシートを敷いた型に、生地を流し入れる。

生地を焼く

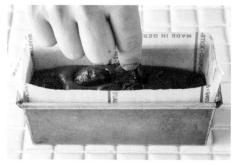

5 カットしていない栗の渋皮煮を生地に埋めこむ。170℃のオーブンで20分焼いて、一度取り出す。

6 表面に角切りにした栗の渋皮煮をのせる。170℃のオーブンでさらに30分焼く。冷めたら型から外してクッキングシートをはがす。

コーヒーヘーゼルナッツ

ほろ苦さとコーヒーの豊かな香りが広がる、ちょっと大人のパウンドケーキ。
生地の中と外にたっぷりと入れたヘーゼルナッツと、
クランブルの食感がアクセントです。

材料（7.5×17×高さ6cmのパウンド型1台分）

A 薄力粉……100g
│ ベーキングパウダー……3g
│ コーヒーパウダー……10g
無塩バター……40g
きび糖……100g
全卵……2個
ヘーゼルナッツ……40g

クランブル

無塩バター……10g
きび糖……20g
薄力粉……15g
ヘーゼルナッツ……10g

クランブルを作る

1 ボウルに室温に戻したバターときび糖を入れる。ゴムベラでバターにきび糖を練りこむように混ぜる。

2 薄力粉を加えてさらに混ぜて、そぼろ状にする。

3 刻んだヘーゼルナッツを加える。

4 全体がまんべんなくなじむまで混ぜる。

下準備をする

5 オーブンを180℃に予熱する。Aを3回ふるって全体を均一に混ぜる。

6 バターと卵を室温に戻しておく。バターはヘラでつぶせる程度のやわらかさがベスト。

生地を作る

7 ボウルにバターときび糖を入れる。ゴムベラでバターにきび糖を練りこむように混ぜて、まんべんなくなじんだら次に進む。

卵が分離していても気にしない!

8 全卵を加えて混ぜる。泡立て器からサラッと流れ落ちるくらい、なめらかになったら次に進む。

9 Aを加える。全体がなめらかになるまで
よく混ぜる。

10 刻んだヘーゼルナッツを入れて、ゴムベ
ラで混ぜる。

生地を焼く

11 クッキングシートを敷いた型に、生地を
流し入れる。

12 表面にクランブルをのせる。170℃の
オーブンで50分焼く。冷めたら型から
外してクッキングシートをはがす。

マーブルチョコレート

プレーンとココアのマーブル模様がかわいいです。
少し手間はかかりますが、
カットするときのワクワク感と、
きれいな模様が出たときのうれしさをぜひ味わってみてください。

材料 （7.5×17×高さ6cmのパウンド型1台分）

A 薄力粉……90g
  ベーキングパウダー……3g
無塩バター……40g
きび糖……100g
全卵……2個
ココアパウダー……10g

下準備

・オーブンを180℃に予熱する。

・Aを3回ふるって全体を均一に混ぜる。

・バターと卵を室温に戻しておく。

生地を作る

1 ボウルにバターときび糖を入れる。ゴムベラでバターにきび糖を練りこむように混ぜて、まんべんなくなじんだら次に進む。

卵が分離していても気にしない！

2 全卵を加えて混ぜる。泡立て器からサラッと流れ落ちるくらい、なめらかになったら次に進む。

3 Aを加える。全体がなめらかになるまでよく混ぜる。

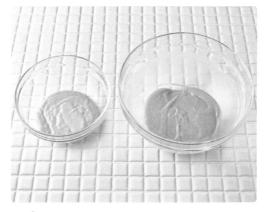

4 3を100g取り分ける。

5 取り分けた方にココアパウダーを入れて
　混ぜる。

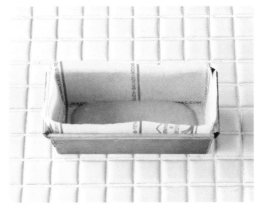

6 クッキングシートを敷いた型に、プレー
　ン生地を半分流し入れる。

生地を半分ずつ
重ねて
4層に。

7 ココア生地とプレーン生地が交互に重
　なるように、生地を流し入れる。

生地を焼く

8 竹串を数カ所に刺して生地の層を崩し、
　マーブル模様を作る。170℃のオーブ
　ンで50分焼く。冷めたら型から外して
　クッキングシートをはがす。

きほん の
チョコレートパウンドケーキ

ずっしりと濃厚でリッチな味わいのチョコレートパウンドケーキ。
粗く刻んだチョコチップが、
焼き上がりのしっとり感をより引き出してくれます。

材料（7.5×17×高さ6cmのパウンド型1台分）

A 薄力粉……15g

  アーモンドパウダー……15g

  ベーキングパウダー……2g

B ビターチョコレート……100g

  ミルクチョコレート……30g

  無塩バター……35g

  上白糖……35g

全卵……2個

チョコチップ

ミルクチョコレート……20g

下準備をする

1 オーブンを180℃に予熱する。Aを3回ふるって全体を均一に混ぜる。卵は室温に戻しておく。

30秒ごとに
軽く
かき混ぜて!

2 Bをボウルに入れ、電子レンジで30秒×3回温めて溶かす。

生地を作る

3 バターとチョコレートが溶けきったら次に進む。

4 全卵を加えて混ぜる。まんべんなくなじんだら次に進む。

5 ミルクチョコレートを刻んで、チョコレートチップにする。

6 Aを加えてよく混ぜる。なめらかになったら、チョコレートチップを入れる。

7 ゴムベラでサックリと混ぜて、まんべんなくなじんだら次に進む。

生地を焼く

8 クッキングシートを敷いた型に、生地を流し入れる。

9 170℃のオーブンで50分焼く。

10 焼き上がったら、ヤケドに注意して型からクッキングシートごと生地を取り出す。

仕上げる

このひと手間で
中までしっとり。

11 ラップで全体をしっかりと包む。

12 ラップに包んだまま常温で冷ます。冷めたらクッキングシートをはがす。

CHOCOLATE ARRANGE

プレミアムチョコレートコーティング

きほんのチョコレートパウンドケーキ (P.52) に、たっぷりのミルクチョコレートをコーティングして
ドレスアップ。自分で食べるのはもちろん、チョコレート好きな人へのプレゼントにも。

材料（7.5 × 17 ×高さ6cmのパウンド型1台分）

A 薄力粉……15g
　アーモンドパウダー……15g
　ベーキングパウダー……2g

B ビターチョコレート……100g
　ミルクチョコレート……30g
　無塩バター……35g
　上白糖……35g

全卵……2個

チョコチップ
ミルクチョコレート……20g

仕上げ
ミルクチョコレート……100g

下準備

・オーブンを180℃に予熱する。

・Aを3回ふるって全体を均一に混ぜる。

・卵を室温に戻しておく。

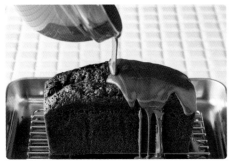

1 きほんのチョコレートパウンドケーキ (P.52) を作る。仕上げ用のミルクチョコレート80gを溶かして、表面にたっぷりとかける。

2 かけたミルクチョコレートが乾く前に、残り20gを削りかける。

CHOCOLATE ARRANGE

プレミアムフルーツチョコレート

きほんのチョコレートパウンドケーキ (P.52) の生地に、ドライフルーツを混ぜこんだ簡単アレンジ。
濃厚なチョコレートにフルーティな味と食感がプラスされます。

材料
（7.5×17×高さ6cmのパウンド型1台分）

A 薄力粉……15g
　アーモンドパウダー……15g
　ベーキングパウダー……2g
B ビターチョコレート……100g
　ミルクチョコレート……30g
　無塩バター……35g
　上白糖……35g
全卵……2個
ドライフルーツ……60g

チョコチップ

ミルクチョコレート……20g

下準備

・オーブンを180℃に予熱する。

・Aを3回ふるって全体を均一に混ぜる。

・卵を室温に戻しておく。

1 P.55の工程**7**にドライフルーツを
加える。

2 ゴムベラでサックリと混ぜる。クッキングシートを敷いた型に流し入れて、170℃のオーブンで50分焼く。

CHOCOLATE ARRANGE

プレミアムダックワーズ
チョコレート

ドレスのようなダックワーズをまとった姿は、
パーティーのテーブルでも存在感を放ちます。
バリッと噛むとフワッと溶けるダックワーズの食感は、
まるで魔法にかけられたよう。

材料（7.5×17×高さ6cmのパウンド型1台分）

A 薄力粉……15g
 ├ アーモンドパウダー……15g
 └ ベーキングパウダー……2g
B ビターチョコレート……100g
 ├ ミルクチョコレート……30g
 ├ 無塩バター……35g
 └ 上白糖……35g
全卵……2個

チョコチップ

ミルクチョコレート……20g

ダックワーズ

C 粉糖……30g
 ├ 薄力粉……5g
 └ アーモンドパウダー……30g
卵白……40g（1個分）
グラニュー糖……15g

仕上げ

粉糖……20g

下準備

・オーブンを180℃に予熱する。

・AとCをそれぞれ3回ずつふるう。

・卵を室温に戻しておく。

・Cは冷蔵庫に入れて冷やしておく。

ダックワーズを作る

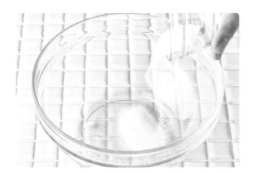

1 ボウルに卵白とグラニュー糖を入れて、ハンドミキサーで泡立てる。

2 ボウルを真横に倒しても動かないくらい、しっかりと泡立ったら次に進む。

3 Cを加える。ゴムベラで泡をつぶさないようにサックリと、全体がなじむまで混ぜる。

生地を作る・生地を焼く

4 P.55の工程9で、30分ほど焼いたら一度取り出す。

仕上げる

5 絞り袋にダックワーズを入れて先を切り、サントノーレ口金をつける。生地の表面にダックワーズを絞る。

6 粉糖を振りかける。170℃のオーブンでさらに20分焼く。冷めたら型から外してクッキングシートをはがす。

カリふわ たのしい
マフィン

まんまるに膨らんだ
かわいいフォルム。
外はカリッと、
中はふんわりで、
ひとつ食べたらもうひとつと、
自然と手がのびてしまう。
そんなマフィンのレシピです。

素朴な味わいのプレーンから、
華やかなマフィンケーキ、
薄力粉や卵を使わないもの、
しょっぱいお食事系まで。
いつでも、誰でも、
おいしく食べられます。

きほん のプレーンマフィン

手はじめに作ってみてほしい、きほんのレシピ。
こんがり焼けた表面はカリッと、中はふんわり。
ひと口食べるとやさしい甘みが広がる、
どこか懐かしい味わいです。

材料（直径7cm×高さ3.5cmのマフィンカップ6個分）

A 薄力粉……170g
  アーモンドパウダー……10g
  ベーキングパウダー……5g
  グラニュー糖……110g
B 無塩バター……55g
  牛乳……80g
全卵……1個

下準備をする

1 オーブンを190℃に予熱する。Aを3回ふるって全体を均一に混ぜる。卵を室温に戻しておく。

ラップで
吹きこぼれ
防止！

2 Bを耐熱容器に入れ、ラップを2重にして電子レンジで沸騰するまで温める。

生地を作る

ボウルに
直接割り入れて
OK。

3 ボウルにAと全卵を入れる。

きちんと
混ざらなくて
OK。

4 泡立て器で黄身をつぶして軽く混ぜる。

5 冷ましたBを入れる。

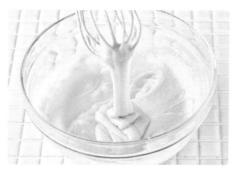

6 全体がなめらかになるまでよく混ぜる。

生地を焼く

7 マフィンカップに、生地を流し入れる。

8 すべてのカップに均等に入れたら次へ進む。

9 180℃のオーブンで35分焼く。

10 焼き上がり。きのこのようにしっかり膨らみ、表面はカリッと中はふわふわ。

PLAIN ARRANGE

アプリコットシュガー

きほんのプレーンマフィン (P.62) を、セミドライアプリコットときび糖でアレンジ。
アプリコットは生地の中にしっかりと埋めこむのが、きれいに焼き上げるコツです。

材料（直径 7cm×高さ 3.5cm のマフィンカップ 6 個分）

A 薄力粉……150g
　アーモンドパウダー……10g
　ベーキングパウダー……5g
　きび糖……90g
B 無塩バター……50g
　牛乳……70g

全卵……1個
セミドライアプリコット……50g
[仕上げ]
きび糖……30g

下準備

・オーブンを190℃に予熱する。

・Aを3回ふるって全体を均一に混ぜる。

・卵を室温に戻しておく。

・Bを耐熱容器に入れ、
　電子レンジで沸騰するまで温める。

1 きほんのプレーンマフィンと同じ手順 (P.63) で生地を作り、マフィンカップに流し入れる。セミドライアプリコットを生地に埋めこむ。

2 表面にきび糖を振りかける。180℃のオーブンで30分焼く。焼き上がったら型から外して冷ます。

イチゴレアチーズ

ジューシーなイチゴとレアチーズが、
濃厚だけどさわやかな味わい。
トッピングのイチゴは、
マフィン1個あたりたっぷり2粒分。
のせすぎかな？ と思うくらいがおいしいです。

材料 （直径7cm×高さ3.5cmのマフィンカップ6個分）

A 薄力粉……150g
  アーモンドパウダー……10g
  ベーキングパウダー……5g
  グラニュー糖……90g
B 無塩バター……50g
  牛乳……60g
全卵……1個

レアチーズ

クリームチーズ……40g
粉糖……30g
レモン果汁……3g

仕上げ

イチゴ……12粒

下準備

・オーブンを190℃に予熱する。
・Aを3回ふるって全体を均一に混ぜる。
・卵とクリームチーズを室温に戻しておく。
・Bを耐熱容器に入れ、
　電子レンジで沸騰するまで温める。
・イチゴは1粒ずつ4等分の
　くし切りにしておく。

レアチーズを作る

1 ボウルにクリームチーズと粉糖を入れる。ゴムベラで練るように混ぜる。

2 レモン果汁を加える。全体がなめらかになるまで混ぜる。

生地を作る・生地を焼く

3 きほんのプレーンマフィンと同じ手順（P.63）で生地を作り、マフィンカップの6分目まで流し入れる。真ん中にレアチーズを約12gずつ入れる。

4 残りの生地を、レアチーズの上に流し入れてふたをする。

5 くし切りのイチゴを表面にのせる。180℃のオーブンで35分焼く。焼き上がったら型から外して冷ます。

オレンジ
チョコチップ

チョコレートとオレンジピールの相性は言わずもがな。
ひと口頬張れば、ビターチョコレートの豊かな香りと、
オレンジピールのさわやかな風味が、
口いっぱいに広がります。

材料（直径7cm×高さ3.5cmのマフィンカップ6個分）

A 薄力粉……150g
　アーモンドパウダー……10g
　ベーキングパウダー……5g
　グラニュー糖……100g
B 無塩バター……50g
　牛乳……70g
全卵……1個
オレンジピール……30g
ビターチョコレート……50g

下準備

・オーブンを190℃に予熱する。

・Aを3回ふるって全体を均一に混ぜる。

・卵を室温に戻しておく。

・Bを耐熱容器に入れ、
　電子レンジで沸騰するまで温める。

生地を作る

1 ボウルにAと全卵を入れて、軽く混ぜる。

液体に入れると
ほぐれやすい！

2 Bにオレンジピールを加えて混ぜる。

3 1に2を入れる。

4 全体がなめらかになるまでよく混ぜる。

生地を焼く

5 ビターチョコレートを刻んでチョコチップにする。生地にチョコチップを加えて、ゴムベラで混ぜる。

6 マフィンカップに、生地を流し入れる。180℃のオーブンで35分焼く。焼き上がったら型から外して冷ます。

PLAIN ARRANGE

バナナコーヒー

香り豊かでほろ苦いコーヒー生地が、
まろやかなバナナの甘みを引き立たせます。バナナを混ぜこんだ生地のしっとり感と、
焼けたバナナの食感のコントラストも楽しいです。

材料（直径7cm×高さ3.5cmのマフィンカップ6個分）

A 薄力粉……150g
  アーモンドパウダー……10g
  ベーキングパウダー……5g
  グラニュー糖……100g
B 無塩バター……50g
  牛乳……70g
  インスタントコーヒー……5g
全卵……1個
バナナ……1本

仕上げ
バナナ……2本
バナナアイシング
水（コーヒー用）……5g
インスタントコーヒー……2g
粉糖……40g
水……適量

下準備

・オーブンを190℃に予熱する。

・Aを3回ふるって
　全体を均一に混ぜる。

・卵を室温に戻しておく。

・Bを耐熱容器に入れ、
　電子レンジで沸騰するまで温める。

・仕上げ用のバナナは、
　幅1.5cmの輪切りにする。

生地を作る

1 ボウルにAと全卵を入れて、軽く混ぜる。

2 Bを加える。全体がなめらかになるまでよく混ぜる。

3 バナナを加える。泡立て器でつぶしながら混ぜる。

4 全体がまんべんなくなじんだら次に進む。

生地を焼く

5 マフィンカップに生地を流し入れて、輪切りのバナナをのせる。180℃のオーブンで35分焼く。焼き上がったら型から外して冷ます。

仕上げる

水あめくらいの固さがベスト。

6 コーヒーアイシングを作る。インスタントコーヒーを水で溶いて粉糖を入れて混ぜ、水で固さを調節する。マフィンの表面にかける。

ブルーベリー
クランブル

焼き上げた冷凍ブルーベリーは、
甘酸っぱくてジャムのようにジューシー。
さわやかなサワークリームの味わいと、
ザクザク食感のクランブルがいいアクセントになります。

材料 （直径7cm×高さ3.5cmのマフィンカップ6個分）

A 薄力粉……150g
│ アーモンドパウダー……10g
│ ベーキングパウダー……5g
│ グラニュー糖……100g
B 無塩バター……50g
│ 牛乳……70g
全卵……1個

サワークリーム……60g
冷凍ブルーベリー……50g
クランブル
無塩バター……15g
きび糖……30g
薄力粉……25g

下準備

・オーブンを190℃に予熱する。

・Aを3回ふるって
　全体を均一に混ぜる。

・卵とクランブル用のバターを
　室温に戻しておく。

・Bを耐熱容器に入れ、
　電子レンジで沸騰するまで温める。

クランブルを作る

1 ボウルにバターときび糖を入れる。ゴムベラでバターにきび糖を練りこむように混ぜる。

2 薄力粉を加えてさらに混ぜて、そぼろ状にする。

生地を作る

3 別のボウルにAと全卵を入れて、軽く混ぜる。

4 Bを加える。全体がなめらかになるまでよく混ぜる。

果肉を
つぶさないように
サックリと!

5 冷凍ブルーベリーを半量加えて、ゴムベラでさらに混ぜる。マフィンカップに生地を流し入れて、サワークリームを約10gずつのせる。

生地を焼く

6 残りの冷凍ブルーベリーを4〜5粒ずつと、クランブルをのせる。180℃のオーブンで35分焼く。焼き上がったら型から外して冷ます。

メイプルペカンナッツ

メイプルシロップの風味が溶けこんだ生地に、香ばしいナッツがベストマッチ。
たっぷり入れたペカンナッツのカリカリ感と、やさしい甘さがクセになるマフィンです。

材料（直径 7cm×高さ 3.5cm のマフィンカップ 6個分）

A 薄力粉……150g
  ├ アーモンドパウダー……10g
  ├ ベーキングパウダー……5g
  └ メイプルシュガー……90g
B 無塩バター……50g
  └ 牛乳……70g
全卵……1個
メイプルシロップ……30g
ペカンナッツ……40g

仕上げ
ペカンナッツ……40g

メイプルアイシング
粉糖……40g
メイプルシロップ……20g

下準備

・オーブンを190℃に予熱する。

・Aを3回ふるって全体を均一に混ぜる。

・卵を室温に戻しておく。

・Bを耐熱容器に入れ、電子レンジで
　沸騰するまで温める。

生地を作る

1 ボウルにAと全卵を入れて、軽く混ぜる。

2 Bを加える。全体がなめらかになるまでよく混ぜる。メイプルシロップを入れてさらに混ぜる。

生地を焼く

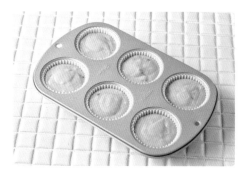

3 ペカンナッツを加えて、ゴムベラで混ぜる。

4 マフィンカップに、生地を流し入れる。

仕上げる

ゆっくり流れる
くらいの
固さが◎。

5 ペカンナッツを手で割りながら表面にのせる。180℃のオーブンで35分焼く。焼き上がったら型から外して冷ます。

6 粉糖とメイプルシロップを混ぜたメイプルアイシングを表面にかける。

レモンポピーシード

「ケシの実」とも呼ばれるポピーシードは、
ナッツのように香ばしい風味とプチプチとした食感が特徴。
さわやかなレモンと相性抜群で、
ひと味ちがった味わいがやみつきになります。

材料（直径7cm×高さ3.5cmのマフィンカップ6個分）

A 薄力粉……150g
　アーモンドパウダー……10g
　ベーキングパウダー……5g
　グラニュー糖……90g
B 無塩バター……50g
　牛乳……70g

レモンの皮
（防カビ剤不使用）……15g（1個分）
全卵……1個
ブルーポピーシード……20g
レモン果汁……40g（1個分）

下準備

・オーブンを190℃に予熱する。
・Aを3回ふるって全体を均一に混ぜる。
・卵を室温に戻しておく。
・Bを耐熱容器に入れ、
　電子レンジで沸騰するまで温める。

生地を作る

1 ボウルにＡを入れて、レモンの皮を削り入れる。

2 全卵を加えて、軽く混ぜる。

3 Ｂを加える。全体がなめらかになるまでよく混ぜる。

4 ブルーポピーシードとレモン果汁を加える。

生地を焼く

5 全体がなめらかになるまでよく混ぜる。

6 マフィンカップに、生地を流し入れる。180℃のオーブンで35分焼く。焼き上がったら型から外して冷まます。

洋梨アールグレイ

アールグレイの茶葉を混ぜこんだ生地は、
香り豊かで上品な味わい。トッピングの洋梨は、
缶詰めを使うと手軽においしくできます。
ティータイムにぴったりの優雅なマフィンです。

材料（直径7cm×高さ3.5cmのマフィンカップ6個分）

A 薄力粉……150g

　アーモンドパウダー……10g

　ベーキングパウダー……5g

　グラニュー糖……90g

B 無塩バター……50g

　牛乳……60g

　茶葉（アールグレイ）……5g

全卵……1個

仕上げ

洋梨缶……200g

粉糖……適量

下準備

・オーブンを190℃に予熱する。

・Aを3回ふるって全体を均一に混ぜる。

・卵を室温に戻しておく。

・Bを耐熱容器に入れ、
　電子レンジで沸騰するまで温める。

・洋梨缶はくし切りにする。

生地を作る

1 ボウルにAと全卵を入れて、軽く混ぜる。

2 Bを茶葉ごと加える。全体がなめらかになるまでよく混ぜる。

生地を焼く

3 マフィンカップに生地を流し入れて、くし切りの洋梨を表面にのせる。180℃のオーブンで35分焼く。焼き上がったら型から外して冷ます。

仕上げる

4 粉糖を振りかける。

抹茶ホワイトチョコレート

ほろ苦い抹茶の生地に、ミルキーなホワイトチョコが相性抜群。
濃厚だけどホッと癒やされる味わいです。トッピングのチョコとクランブルの
サクサク食感もクセになります。

材料
（直径7cm×高さ3.5cmのマフィンカップ6個分）

A 薄力粉……140g
　アーモンドパウダー……10g
　抹茶パウダー……10g
　ベーキングパウダー……5g
　グラニュー糖……100g
B 無塩バター……50g
　牛乳……70g

全卵……1個
ホワイトチョコレート……60g
抹茶クランブル
無塩バター……15g
グラニュー糖……30g
薄力粉……20g
抹茶パウダー……3g

下準備

・オーブンを190℃に予熱する。

・Aを3回ふるって
　全体を均一に混ぜる。

・卵を室温に戻しておく。

・Bを耐熱容器に入れ、
　電子レンジで沸騰するまで温める。

抹茶クランブルを作る

1 ボウルにバターとグラニュー糖を入れる。ゴムベラでバターにグラニュー糖を練りこむように混ぜる。

2 薄力粉と抹茶パウダーを加えてさらに混ぜて、そぼろ状にする。

生地を作る

3 別のボウルにAと全卵を入れて、軽く混ぜる。

4 Bを加える。全体がなめらかになるまでよく混ぜる。

5 マフィンカップに生地を流し入れて、抹茶クランブルをのせる。

生地を焼く

6 抹茶クランブルの上にホワイトチョコレートをのせる。180℃のオーブンで35分焼く。焼き上がったら型から外して冷ます。

米粉のマフィン

薄力粉のかわりに米粉を使った、グルテンフリーなマフィンです。
ほんのりと感じるお米の香りとあっさりとした甘み、
表面の軽い焼き上がりと
中のしっとり感がたまりません。

材料（直径7cm×高さ3.5cmのマフィンカップ6個分）

A 製菓用米粉……160g

アーモンドパウダー……10g

ベーキングパウダー……5g

グラニュー糖……100g

B 無塩バター……40g

牛乳……30g

生クリーム……60g

全卵……1個

下準備

・オーブンを190℃に予熱する。

・Aを3回ふるって全体を均一に混ぜる。

・卵を室温に戻しておく。

・Bを耐熱容器に入れ、
電子レンジで沸騰するまで温める。

生地を作る

薄力粉の生地よりも
さらっとした
仕上がり。

1 ボウルにAと全卵を入れて、軽く混ぜる。

2 Bを加える。全体がなめらかになるまでよく混ぜる。

生地を焼く

3 マフィンカップに、生地を流し入れる。

4 180℃のオーブンで35分焼く。焼き上がったら型から外して冷ます。

卵なしのバナナマフィン

卵を使わずに作るバナナマフィンは、
あっさりとした甘みとふんわり食感のやさしい食べ心地。
生地があまりふくらまないので、
カップいっぱいに入れてOKです。

材料
（直径 7cm×高さ 3.5cmのマフィンカップ 6個分）

A 薄力粉……150g
　アーモンドパウダー……30g
　ベーキングパウダー……8g
　きび糖……30g
バナナ……1本
木綿豆腐……80g
天日塩（フルール・ド・セル）……1g
メイプルシロップ……20g
生クリーム……200g
仕上げ
ココナッツファイン……適量

下準備

・オーブンを190℃に予熱する。

・Aを3回ふるって全体を均一に混ぜる。

生地を作る

1 ボウルにバナナと木綿豆腐を入れて、泡立て器で細かくなるまでつぶす。塩とメイプルシロップを加えて混ぜる。

2 生クリームの半量を加えて混ぜる。

3 Aを加えて、全体がまんべんなくなじむまで混ぜる。

4 別のボウルに残りの生クリームを入れ、ハンドミキサーで10分立てにする。

生地を焼く

5 3に泡立てた生クリームを加えて、ゴムベラでサックリと混ぜる。

6 マフィンカップに生地を流し入れて、表面にココナッツファインを散らす。180℃のオーブンで35分焼く。焼き上がったら型から外して冷ます。

イチゴのマフィンケーキ

プレーンのマフィンを、カスタードクリームと
ホワイトチョコクリームでデコレーションしました。
シンプルなマフィンが、パーティーにもぴったりなケーキに変身です!

材料（直径7cm×高さ3.5cmのマフィンカップ6個分）

A 薄力粉……150g
├ アーモンドパウダー……10g
├ ベーキングパウダー……5g
└ グラニュー糖……100g

B 無塩バター……50g
└ 牛乳……70g

全卵……1個

仕上げ

カスタードクリーム……120g
ホワイトチョコクリーム……適量
イチゴ……6粒

下準備

・オーブンを190℃に予熱する。

・Aを3回ふるって全体を均一に混ぜる。

・卵を室温に戻しておく。

・Bを耐熱容器に入れ、
電子レンジで沸騰するまで温める。

・カスタードクリーム（P.109）と
ホワイトチョコクリーム（P.108）を作る。

生地を作る・生地を焼く

1 きほんのプレーンマフィンと同じ手順（P.63〜64）で生地を作り、焼き上げる。焼き上がったら型から外して冷ます。

3 指で生地の中を押し広げて、空間を作る。

5 別の絞り袋にホワイトチョコクリームを入れて先を切り、星口金をつける。穴を隠すように、表面にクリームを絞る。

仕上げる

2 口金で表面の中心に穴を開ける。

穴から少し溢れるくらいたっぷりと！

4 絞り袋にカスタードクリームを入れて先を切り、穴からクリームをたっぷり絞り入れる。

6 ホワイトチョコクリームの上にイチゴをのせる。

モンブランマフィンケーキ

栗の渋皮煮を、生地の中とトッピングにたっぷりと使った贅沢なマフィンケーキ。
ミルクチョコクリームを少し絞って栗の土台をつくるのが、
きれいにデコレーションするコツです。

材料（直径7cm×高さ3.5cmのマフィンカップ6個分）

A 薄力粉……150g
ー アーモンドパウダー……10g
ー ベーキングパウダー……5g
ー きび糖……80g
B 無塩バター……50g
ー 牛乳……70g
全卵……1個
栗の渋皮煮……4粒

仕上げ

ミルクチョコクリーム……適量
栗の渋皮煮……6粒

下準備

・オーブンを190℃に予熱する。
・Aを3回ふるって全体を均一に混ぜる。
・卵を室温に戻しておく。
・Bを耐熱容器に入れ、電子レンジで沸騰するまで温める。
・栗の渋皮煮のうち4粒は角切りに、6粒は半分に切る。
・ミルクチョコクリーム（P.108）を作る。

生地を作る

1 きほんのプレーンマフィンと同じ手順（P.63）で生地を作り、角切りの栗の渋皮煮を入れてゴムベラで混ぜる。

生地を焼く

2 マフィンカップに、生地を流し入れる。180℃のオーブンで35分焼く。焼き上がったら型から外して冷ます。

仕上げる

3 絞り袋にミルクチョコクリームを入れて先を切り、モンブラン口金をつける。表面の中心にクリームを少し絞る。

クリームで
栗を
安定させる！

4 絞ったクリームの上に半分に切った栗の渋皮煮をのせる。

5 栗の渋皮煮を覆うように、ミルクチョコクリームを絞る。

6 ミルクチョコクリームの上に、半分に切った栗の渋皮煮をのせる。

きほん のチョコレートマフィン

ココアパウダーを混ぜこんだ生地とチョコレートチップ、
仕上げにもチョコレートをたっぷり使った濃厚な味わい。
ビターチョコレートだから、甘すぎずペロリと食べられます。

材料（直径7cm×高さ3.5cmのマフィンカップ6個分）

A 薄力粉……130g
　ココアパウダー……30g
　アーモンドパウダー……10g
　ベーキングパウダー……5g
　きび糖……100g

B 無塩バター……50g
　牛乳……80g
ビターチョコレート……20g
全卵……1個

仕上げ
ビターチョコレート……80g

下準備

・オーブンを190℃に予熱する。

・Aを3回ふるって全体を均一に混ぜる。

・卵を室温に戻しておく。

・Bを耐熱容器に入れ、電子レンジで沸騰するまで温める。

生地を作る

1　ボウルにAと全卵を入れて、軽く混ぜる。

2　Bを加える。全体がなめらかになるまでよく混ぜる。

3　刻んだビターチョコレートを加えて、ゴムベラで混ぜる。

生地を焼く

4　マフィンカップに、生地を流し入れる。180℃のオーブンで35分焼く。焼き上がったら型から外して冷ます。

仕上げる

5　仕上げ用のビターチョコレート50gを溶かして表面にかける。

6　かけたビターチョコレートが固まる前に、残り30gを刻んでのせる。

CHOCOLATE ARRANGE

オレンジチョコレート

鮮やかなオレンジスライスが目を引く
かわいいビジュアルで、プレゼントにもぴったり。
ビターチョコレートのほどよい甘みで、
オレンジのさわやかな味わいが引き立ちます。

材料（7.5×17×6cmのパウンド型1台分）

A 薄力粉……120g
　ココアパウダー……20g
　アーモンドパウダー……10g
　ベーキングパウダー……5g
　きび糖……100g
B 無塩バター……50g
　牛乳……70g
全卵……1個
オレンジピール……30g
オレンジスライス缶……6枚

仕上げ

ビターチョコレート……30g

下準備

・オーブンを190℃に予熱する。

・Aを3回ふるって
　全体を均一に混ぜる。

・卵を室温に戻しておく。

・Bを耐熱容器に入れ、
　電子レンジで沸騰するまで温める。

生地を作る

液体に
入れると
ほぐれやすい!

1 ボウルにAと全卵を入れて、軽く混ぜる。

2 Bにオレンジピールを入れて混ぜる。

3 1に2を入れる。全体がなめらかになるまでよく混ぜる。

4 マフィンカップに生地を流し入れ、オレンジスライスをのせる。

生地を焼く

仕上げる

5 180℃のオーブンで35分焼く。焼き上がったら型から外して冷ます。

6 溶かしたビターチョコレートをかける。

ラズベリーチョコレート

イチゴチョコレートとフリーズドライイチゴの
トッピングが華やかなマフィン。
生地の中に埋めこんだ冷凍ラズベリーの甘酸っぱさが、
チョコレートの香りや甘みを引き立てます。

材料（直径7cm×高さ3.5cmのマフィンカップ6個分）

A 薄力粉……120g
　ココアパウダー……20g
　アーモンドパウダー……10g
　ベーキングパウダー……5g
　きび糖……100g
B 無塩バター……50g
　牛乳……70g

全卵……1個
冷凍ラズベリー……50g

仕上げ
イチゴチョコレート……80g
フリーズドライイチゴ……10g

下準備

・オーブンを190℃に予熱する。

・Aを3回ふるって全体を均一に混ぜる。

・卵を室温に戻しておく。

・Bを耐熱容器に入れ、
　電子レンジで沸騰するまで温める。

生地を作る

1 ボウルにＡと全卵を入れて、軽く混ぜる。

2 Ｂを加える。全体がなめらかになるまでよく混ぜる。

生地を焼く

3 マフィンカップに生地を流し入れ、冷凍ラズベリーを埋めこむ。180℃のオーブンで35分焼く。焼き上がったら型から外して冷ます。

仕上げる

4 溶かしたイチゴチョコレートをかける。

5 かけたイチゴチョコレートが固まる前に、フリーズドライイチゴをのせる。

CHOCOLATE ARRANGE

キャラメルチョコレート

ホワイトチョコレートをキャラメリゼした香ばしいブロンドチョコレートと、
キャラメルを使った濃厚なマフィン。
アーモンドの食感とほんの少しの塩味がポイントです。

材料（直径7cm×高さ3.5cmのマフィンカップ6個分）

A 薄力粉……150g
  アーモンドパウダー……10g
  ベーキングパウダー……6g
  グラニュー糖……60g
全卵……1個
ブロンドチョコレート……40g
天日塩（フルール・ド・セル）……1g

[キャラメル]
グラニュー糖……50g
生クリーム……50g
B 無塩バター……50g
  牛乳……50g

[仕上げ]
ブロンドチョコレート……80g

下準備

・オーブンを190℃に予熱する。

・Aを3回ふるって
　全体を均一に混ぜる。

・卵を室温に戻しておく。

キャラメルを作る

1 小鍋にグラニュー糖を入れて火にかける。鍋底全体に火がかかる程度の強火にする。

気泡の大きさの
変化に
注目！

2 鍋肌付近に大きな気泡ができ、中央まで細かく泡立ったら火を止める。

3 生クリームを注ぎ入れ、ゴムベラでかき混ぜる。

4 Bを加えて、弱火で温める。

5 バターが完全に溶けきったら火を止める。

生地を作る

6 ボウルにAと全卵を入れて、軽く混ぜる。

7 冷ましたキャラメルと塩を加えてよく混ぜる。

8 全体がまんべんなく混ざったら次に進む。

生地を焼く

9 ブロンドチョコレートを加えて、ゴムベラで混ぜる。

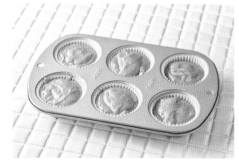

10 マフィンカップに、生地を流し入れる。180℃のオーブンで35分焼く。焼き上がったら型から外して冷ます。

仕上げる

11 仕上げ用のブロンドチョコレート50gを溶かして表面にかける。

12 かけたブロンドチョコレートが固まる前に、残り30gを刻んでのせる。

お食事マフィン

マフィンは甘いだけじゃない！
生地にふたつまみの塩を加えれば、
朝食やブランチにもぴったりなお食事マフィンに早変わり。
ここでは、特にオススメのレシピを3つ紹介します。

PLAIN ARRANGE

くるみとチーズ

2種類のチーズがたっぷり入った、
チーズ好きにはたまらないマフィン。
ぜひ、焼き立てを召し上がれ！

材料
（直径7cm×高さ3.5cmのマフィンカップ6個分）

A 薄力粉……150g
　 アーモンドパウダー……10g
　 ベーキングパウダー……8g
　 きび糖……20g
B 無塩バター……50g
　 牛乳……140g
全卵……1個
塩……ふたつまみ

くるみ……40g

仕上げ

チェダーチーズ……60g
カマンベールチーズ……60g
くるみ……40g
ローズマリー……適量
粗挽きブラックペッパー……適量

下準備

・オーブンを190℃に予熱する。

・Aを3回ふるって
　全体を均一に混ぜる。

・卵を室温に戻しておく。

・Bを耐熱容器に入れ、
　電子レンジで沸騰するまで温める。

生 地 を 作 る

1 ボウルにAと全卵を入れて、軽く混ぜる。

2 Bと塩を加える。全体がなめらかになるまでよく混ぜる。

3 くるみを加えて、ゴムベラでサックリと混ぜる。

4 マフィンカップに、生地を流し入れる。チェダーチーズとカマンベールチーズを生地に埋めこむ。

生 地 を 焼 く

5 くるみとローズマリーをのせる。

6 粗挽きブラックペッパーをかける。180℃のオーブンで35分焼く。

マルゲリータ

マルゲリータといえばピザですが、
マフィンの生地とも相性ばっちり。
フレッシュなトマトとバジル、
ミルキーなモッツァレラチーズが合わさり、
ピザより軽い食べ心地です。

材料（直径7cm×高さ3.5cmのマフィンカップ6個分）

A 薄力粉……150g
アーモンドパウダー……10g
ベーキングパウダー……8g
きび糖……20g
B 無塩バター……50g
牛乳……140g
全卵……1個
塩……ふたつまみ

[仕上げ]

モッツァレラチーズ……60g
トマト……100g（中玉½個分）
バジルソース……40g
フレッシュバジル……6枚

下準備

・オーブンを190℃に予熱する。

・Aを3回ふるって全体を均一に混ぜる。

・卵を室温に戻しておく。

・Bを耐熱容器に入れ、
　電子レンジで沸騰するまで温める。

・トマトをくし切りにする。

生地を作る

1 P.103の工程**2**まで作り、マフィンカップに生地を流し入れる。モッツァレラチーズを生地に埋めこむ。

2 くし切りのトマトをのせる。

生地を焼く

3 バジルソースをかける。180℃のオーブンで35分焼く。

仕上げる

4 焼き上がったら、フレッシュバジルをのせる。

コロッケ

サクサクの衣をかじると、中身はホクホクのマッシュポテト。
まさに"コロッケ"な味わいに驚くはず。
お好みで中濃ソースをかけると、よりコロッケ感を味わえてオススメです。

材料（直径7cm×高さ3.5cmのマフィンカップ6個分）

A 薄力粉……150g

　アーモンドパウダー……10g

　ベーキングパウダー……8g

　きび糖……20g

B 無塩バター……50g

　牛乳……140g

全卵……1個

塩……ふたつまみ

パン粉……適量

オリーブオイル……適量

マッシュポテト

じゃがいも……200g

ベーコン……50g

塩・コショウ……適量

仕上げ

乾燥パセリ……適量

中濃ソース……お好みで

下準備

・オーブンを190℃に予熱する。

・Aを3回ふるって全体を均一に混ぜる。

・卵を室温に戻しておく。

・Bを耐熱容器に入れ、
　電子レンジで沸騰するまで温める。

・ベーコンを短冊切りにして、
　カリカリになるまで炒める。

マッシュポテトを作る

1 じゃがいもを皮つきのまま乱切りにする。ボウルに入れてラップをして、電子レンジで6分ほど加熱する。

2 じゃがいもがやわらかくなったら、ヤケドに気をつけて皮をむく。フォークなどでつぶして塩・コショウを振り、炒めたベーコンを加えて混ぜる。

生地を作る

3 P.103の工程**2**まで作り、マフィンカップに生地を流し入れる。マッシュポテトを生地に埋めこむ。

4 表面にパン粉をかける。

生地を焼く

5 パン粉の上にオリーブオイルを回しかける。180℃のオーブンで35分焼く。

仕上げる

6 焼き上がったら、乾燥パセリを散らす。食べるときに、お好みで中濃ソースをかける。

クリームを添えて

MILK CHOCOLATE CREAM
ミルクチョコクリーム

材料（作りやすい分量）

ミルクチョコレート……70g
水あめ……10g
生クリーム……200g

オススメの組み合わせ

卵なしのバナナマフィン……P.84
イチゴのマフィンケーキ……P.86
モンブランマフィンケーキ……P.88
キャラメルチョコレート……P.96

作り方

1 チョコレートと水あめ、生クリーム70gを耐熱容器に入れる。

2 電子レンジで30秒×3回温め、1回ごとによく混ぜてチョコレートを溶かす。

3 残りの生クリームを冷たいまま加えてよく混ぜ、冷蔵庫で2時間以上休ませる。

BITTER CHOCOLATE CREAM
ビターチョコクリーム

材料（作りやすい分量）

ビターチョコレート……50g
水あめ……10g
生クリーム……200g

オススメの組み合わせ

卵なしのバナナマフィン……P.84
イチゴのマフィンケーキ……P.86
モンブランマフィンケーキ……P.88
きほんのチョコレートマフィン……P.90
オレンジチョコレート……P.92

作り方

1 チョコレートと水あめ、生クリーム70gを耐熱容器に入れる。

2 電子レンジで30秒×3回温め、1回ごとによく混ぜてチョコレートを溶かす。

3 残りの生クリームを冷たいまま加えてよく混ぜ、冷蔵庫で2時間以上休ませる。

WHITE CHOCOLATE CREAM
ホワイトチョコクリーム

材料（作りやすい分量）

ホワイトチョコレート……90g
水あめ……10g
生クリーム……200g

オススメの組み合わせ

イチゴレアチーズ……P.66
抹茶ホワイトチョコレート……P.80
卵なしのバナナマフィン……P.84
イチゴのマフィンケーキ……P.86
モンブランマフィンケーキ……P.88

作り方

1 チョコレートと水あめ、生クリーム70gを耐熱容器に入れる。

2 電子レンジで30秒×3回温め、1回ごとによく混ぜてチョコレートを溶かす。

3 残りの生クリームを冷たいまま加えてよく混ぜ、冷蔵庫で2時間以上休ませる。

もっとおいしく

クリームを添えるだけで、
マフィンがよりおいしくリッチな味わいに。
いろんな組み合わせを楽しんでみてください！

CUSTARD CREAM
カスタードクリーム

材料（約120g）

卵黄……1個分
グラニュー糖……20g
薄力粉……10g
牛乳……80g

――――――――――――

オススメの組み合わせ

イチゴのマフィンケーキ……P.86
モンブランマフィンケーキ……P.88

作り方

1 卵黄とグラニュー糖を耐熱容器に入れて混ぜ、薄力粉を加えてさらに混ぜる。

2 牛乳を加えて混ぜ、電子レンジで30秒×7回温める。必ず1回ごとに取り出して泡立て器でよく混ぜる。

3 バットに流し、ラップを密着させて冷蔵庫で冷やす。使う前に冷蔵庫から出して、ゴムベラでよく混ぜる。

CHOCOLATE CUSTARD CREAM
チョコカスタードクリーム

材料（約120g）

卵黄……1個分
グラニュー糖……20g
薄力粉……10g
牛乳……80g
ビターチョコレート……10g

――――――――――――

オススメの組み合わせ

洋梨アールグレイ……P.78
イチゴのマフィンケーキ……P.86
モンブランマフィンケーキ……P.88

作り方

1 卵黄とグラニュー糖を耐熱容器に入れて混ぜ、薄力粉を加えてさらに混ぜる。

2 牛乳とビターチョコレートを加えて混ぜ、電子レンジで30秒×7回温める。必ず1回ごとに取り出して泡立て器でよく混ぜる。

3 バットに流し、ラップを密着させて冷蔵庫で冷やす。使う前に冷蔵庫から出して、ゴムベラでよく混ぜる。

CHEESE CREAM
チーズクリーム

材料（作りやすい分量）

クリームチーズ……70g
無塩バター……15g
粉糖……20g

――――――――――――

オススメの組み合わせ

イチゴレアチーズ……P.66
ブルーベリークランブル……P.72

作り方

1 常温でやわらかくしたクリームチーズとバターをゴムベラで練り混ぜる。

2 粉糖を加えて、粉っぽさがなくなるまで混ぜる。

ラッピングのアイデア

パウンドケーキ1本用

落ち着いた色合いでまとめると、
ナチュラルでかわいい印象になります。

使うもの
- 透明の袋
- セロハンテープ
- クッキングシート（茶色）
- 革ひも（麻ひもでもOK）
- 木製フォーク

包み方
1 透明の袋にパウンドケーキを1本入れ、口を折りたたんでセロハンテープで留める。
2 クッキングシートを上面から巻きつけ、裏側をセロハンテープで留める。
3 底に革ひもを通して上面でリボン結びにする。隙間に木製フォークを差しこむ。

パウンドケーキ1切用

シンプルですが、光沢のあるリボンが
華やかな印象にしてくれます。

使うもの
- 透明の袋
- セロハンテープ
- リボン

包み方
リボンを縦にかける場合

透明の袋にパウンドケーキを1切れ入れ、袋の口を2回ほど折ってセロハンテープで留める。縦にリボンを通して上面でリボン結びにする。

リボンを横にかける場合

1 透明な袋にパウンドケーキを1切れ入れ、袋の口にリボンを添えて両端を指でしっかり挟む。

2 袋の口とリボンを一緒に2回折りこみ、セロハンテープで留める。リボンを上面でリボン結びにする。

パウンドケーキとマフィンは、形が崩れにくく日持ちがするのでプレゼントにもぴったり。
簡単にできるオススメのラッピングアイデアを紹介します。

マフィン1個用

マスキングテープとスタンプの組み合わせで
アレンジ自在。にじみやすいので、
スタンプ台は耐水性を使用してください。

使うもの
- 半透明の袋
- セロハンテープ
- マスキングテープ
- スタンプ
- スタンプ台（耐水性）

包み方

1 半透明の袋にマフィンを入れ、袋
　の口を折ってセロハンテープで留め
　る。

2 マスキングテープにスタンプを押す。

3 スタンプのインクが乾いたら、マスキ
　ングテープを袋の上部を挟むように
　貼りつける。

マフィン1個用

リボンの余った部分を
カールさせるのがポイント。少しの工夫で、
特別感がグッとアップします。

使うもの
- 透明の袋
- 布製リボン
- シール

包み方

1 透明の袋にマフィンを入れ、袋
　の上部をリボンで留める。

2 リボン結びをしてリボンの余っ
　た部分をねじり、ドライヤーの
　温風で型をつける。

3 シールでリボンの端を袋に留める。

ドライヤーの温風を5秒ほど当てた
ら、熱が冷めるまでねじった状態を
キープしましょう。

111

PROFILE

江口和明 | えぐち かずあき

パティシエ／ショコラティエ。製菓専門学校を卒業後「渋谷フランセ」を経て、東京・神戸の高級チョコレート専門店にて研鑽を積む。その後、株式会社グローバルダイニングへ入社し、サーヴィスと経営を学ぶ。2013年デリーモブランドを立ち上げ、シェフパティシエ／ショコラティエに就任。2020年2月より、YouTubeで動画の配信を開始。お菓子作りのコツをおさえた論理的でわかりやすい解説が人気を集め、チャンネル登録者数は20.3万人を超える（2023年7月現在）。

YouTube https://www.youtube.com/@KAZUCHOCOLATE
Instagram @eguchikazuaki
Twitter @EguchiKazuaki

パウンドケーキと
マフィンのきほん

2023年8月25日　初版第1刷発行

著者	江口和明（えぐちかずあき）
発行者	角竹輝紀
発行所	株式会社マイナビ出版
	〒101-0003
	東京都千代田区一ツ橋 2-6-3
	一ツ橋ビル 2F
	電話　0480-38-6872（注文専用ダイヤル）
	03-3556-2731（販売部）
	03-3556-2735（編集部）
	MAIL pc-books@mynavi.jp
	URL　https://book.mynavi.jp
印刷・製本	中央精版印刷株式会社

STAFF

調理アシスタント	大森美穂
デザイン	中村 妙
写真	木村文平
スタイリング	片山愛沙子
撮影協力	UTUWA
編集	Natsumi.S（マイナビ出版）
	伊澤美花（MOSH books）
校正	菅野ひろみ

◎ 定価はカバーに記載してあります。
◎ 個別のご質問についてはお答えできません。
◎ 本書の内容の正確性には充分注意を払っておりますが、万が一誤りがあった場合でも、本書に掲載されている情報によって生じた損害に対し、当社は一切の責任を負いかねます。
◎ 本書の一部または全部について個人で使用するほかは、著作権法上、著作権者および株式会社マイナビ出版の承諾を得ずに無断で複写、複製することは禁じられています。
◎ 本書についてのご質問等ありましたら、左記メールアドレスにお問い合わせください。インターネット環境がない方は、往復ハガキまたは返信切手、返信用封筒を同封の上、株式会社マイナビ出版 編集第2部書籍編集3課までお送りください。
◎ 乱丁・落丁についてのお問い合わせは、TEL：0480-38-6872（注文専用ダイヤル）、電子メール…sas@mynavi.jp までお願いいたします。
◎ 本書中の会社名、商品名は、該当する会社の商標または登録商標です。

ISBN 978-4-8399-8125-9
©2023 Eguchi Kazuaki
©2023 Mynavi Publishing Corporation
Printed in Japan